Jäger- und Schützenlieder

Gegrüßt sei uns
in diesem heitern Kreise

Wen d' Musi und's Singa und's Schiaß'n nöt freut,
der g'hört in dö Klass von die abg'schmackt'n Leut.

Bayerischer Volksmund

NEUDAMMER
Jäger- und Schützenlieder

*Gegrüßt sei uns
in diesem heitern Kreise*

**Gesammelt und geschmückt
von
Horst Dahm**

NEUMANN-NEUDAMM
Verlag für Jagd und Natur

Die Abbildungen stammen aus den Sammlungen von Ursula Pfistermeier, wiedergegeben in ihrem Buch "Hier kehrt man ein" (Fachverlag Hans Carl, Nürnberg 1998), sowie von Angela & Andreas Hopf "Schattenbilder" (Verlag F. Bruckmann, München 1986).
Weitere Bildquellen sind das Heimatmuseum Sebnitz, das Stiftmuseum Klosterneuburg und der Deutsche Scherenschnittverein e.V., Gangkofen.

Zu den in diesem Buch veröffentlichten Liedern und Bildern wurde sorgfältig recherchiert. Dennoch können Fehler und Unterlassungen nicht völlig ausgeschlossen werden. Für daraus eventuell resultierende Folgen übernehmen weder der Autor noch der Verlag die Haftung oder juristische Verantwortung. Berichtigungen, Ergänzungen und Korrekturen werden gern entgegen genommen.

© 2005, Verlag J. Neumann-Neudamm AG, Melsungen
Schwalbenweg 1, 34212 Melsungen
Tel. 05661-9262-26, Fax 05661-9262-19,
www.neumann-neudamm.de

Printed in Germany
Satz & Layout: J. Neumann-Neudamm AG, Melsungen
Druck & Verarbeitung: TZ-Verlag
ISBN 3-7888-1035-1

Liebenswerte Sängerschaft,

geschmückt mit allerlei kleinem Kunstwerk, verlocken hier achtundzwanzig alte und neue Lieder zum Singen. Oft schon waren sie der Anfang aller Fröhlichkeit. Jetzt sollen sie allesamt erneut erschallen, wann immer Euch, meine Verehrten, danach zumute ist. Legt eure ganze Liebe hinein!

> **Singen gefährdet die schlechte Laune**

Am Ende werdet Ihr niemals mehr schlichte Mitsänger sein, die zwar voller Eifer bei der Sache sind und vielleicht auch den richtigen Ton treffen, jedoch - spätestens vom Beginn der 2. Strophe an – nur noch mit La-la-la dem Gesang folgen können. Ja, liebe Freundinnen und Freunde, bei ordentlichem Gebrauch dieser Liedersammlung steigt Ihr rasch auf zum hoch beneidenswerten Grad einer Sängerin und eines Sängers, die (oder der) sich im Liederschatz bestens auskennt.

Und erst recht wird Euch Eure Kennerschaft anerkannt werden, wenn man neue Lieder anstimmen möchte.

So oder so, vielfach ist es erprobt, stets bringt es der Sangesfreude Nutzen, das Liederbüchlein im richtigen Augenblick bei sich zu haben, griffbereit.

Dies alles sei vorweg bedacht, meine Lieben, und auch die Chance möchte erwähnt sein, dass durch Jäger- und Schützengesang womöglich sehr viel Gutes getan werden kann, um näher und näher mit denjenigen zusammen zu rücken, die sonst gegenüber Schießen und Jagen noch länger heftig mit dem Kopf geschüttelt oder gar völlig ablehnend verharrt hätten.

Außerdem bleibt zu hoffen auf ein Bündnis mit Heimat-, Natur- und Wanderfreunden sowie mit engagierten Musikern, hauptsächlich für den Zweck, gemeinsam die zeitgemäßen Arten der Interpretation des Brauchtums in der Jägerei und im Schützenwesen zu stärken, Einfälle zu neuen Liedern aufzutreiben und frisches Leben in jene Geselligkeitsformen zu bringen, die vom vorwiegend heiteren Miteinander getragen werden, beispielsweise in der Art des Rundgangs und der "Mit-mach-Tänze".

Neugier genügt, um zu beginnen!

Jedermann ist eingeladen: Wer heute singen kann, sollte wohl nicht bis morgen warten!

Hussassa!

Auch die Jagd nach Liedern, wovon dieses Büchlein eine Auswahl Bietet, ließ nicht jeden Tag zum Fangtag werden. Vor dem Verzagen Bewahrte der Beistand, der vom Deutschen Volksliederarchiv, Freiburg, in liebenswürdiger Weise gewährt wurde.

Außerdem kam vielseitige und meinen Mut stärkende Hilfe vom Bund der Historischen Deutschen Schützen sowie von Bibliotheken und Urkundensammlungen in Österreich, Deutschland, Tschechien und der Schweiz.

Ihnen allen, sehr geehrte Damen und Herren, danke ich für Ihr freundliches Engagement aufs Herzlichste!

Bonn, im Monat der Kiefernblüte 2005

Horst Dahm

Auf, zu den Liedern!

* Nur vermerkt bei Liedern mit gleichem oder sehr ähnlichen Wortlaut der Anfangsstrophe.

1

Wer jagen will, muss früh aufstehn
JÄGERMORGEN

Frohgemut

Wer ja - gen will, muss früh auf - stehn, muss spa - ren kei - ne Ruh, der häng sein Büchs und Ta - schen um und geh dem Wal - de zu. Im grü - nen Wald spa - zie - ren gehn, auf grün be - laub - ter Heid! Und wo da ist ein grün - ner Wald, da ist mein Auf - ent - halt.

2. Ei, du mein lieber Jägersmann,
warum denn heut so früh?
Es ist kein Hirschlein auf der Heid,
schläft all's in guter Ruh.
Wenn ich mein Hörnlein blasen tu,
so laufen d'Hasen zu,
und Hirsch und Rehlein, wilde Schwein,
sie müssen meine sein.

Volkstümlich.
Nach einem „Finkenbrücker Liederblatt", 1982.

Wie herrlich ist´s im Wald
WALDLUST

Sehr lebhaft

Wie herr-lich ist's im Wald,— im fri-schen, grü-nen Wald! — Wenn

fröh-lich die Hör-ner er-klin-gen, wie regt sich die Lust, hier zu sin-gen im fri-schen, grü-

nen Wald, im fri-schen, grü-nen Wald.— Hor-ri-do, hor-ri-do, hor-ri-do! Hor-ri

do, hor-ri-do, _____ hor-ri-do!

2. Der Jäger Aufenthalt,
der grüne, grüne Wald!
Es rauscht mit gewaltigen Zweigen,
die alle zum Gruße sich neigen,
im grünen, grünen Wald.
- Horrido, horrido, horrido!
Horrido, horrido, horrido!

3. Wie ringsum alles hallt
im grünen, grünen Wald!
Das Echo gibt alle die Lieder
der fröhlichen Jäger dann wieder
im grünen, grünen Wald.
- Horrido, horrido, horrido!
Horrido, horrido, horrido!

Wilhelm von Marsano (1797-1871),
Melodie: Wenzel Wilhelm Würfel (1791-1832).
In: Heinrich Christian Burckhart (1811-1879) „Jagd- und Waldlieder",
Neudamm 1866.

10

3
Steig ich den Berg hinauf
BURSCHENFREUDE

Beschwingt

Steig ich den Berg hin-auf, das macht mir Freu - de, zu mei-nem

Mäg-de-lein, das ist mir gut. Sie hat zwei wunder-, wunderschöne blaue

Au — gen und ei-nen Ro-sen-mund, den küss ich gern.

2. Kennst du den Auerhahn,
sein' schön Gefieder?
Kennst du den Auerhahn,
sein' schönen Schweif?
Ja, so'ne Auer-, Auerfeder
trägt ein jeder,
wohl sogar die allerfeinsten
Herren in Tirol.

3. Steig ich den Berg hinauf,
das macht mir Freude.
Mein Mädel hab ich gern,
das macht mir Lust.
Sie hat zwei wunder-,
wunderschöne blaue Augen,
sie spricht: „Mein lieber, lieber Bua,
ich lieb dich sehr."

Volkslied.
Strophe 1 im Schützengesang aufgezeichnet,
2. - 3. nach „Wanderlust", Apollo-Verlag Paul Lincke, Berlin 1952.

4
Es gingen drei Jäger wohl auf die Pirsch

DER WEISSE HIRSCH

Lustig

Es gin-gen drei Jäger wohl auf die Pirsch, sie woll-ten er-ja-gen den wei - ßen Hirsch, sie woll ten er-ja-gen den wei - ßen Hirsch. Husch, husch! Piff, paff! Tra - ra!

Sie legten sich unter den Tannenbaum,
da hatten die drei einen seltsamen Traum.
- Der erste:
Mir hat geträumt, ich klopf auf den Busch,
da rauschte der Hirsch heraus, husch,
husch!
- Der zweite:
Und als er sprang mit der Hunde Geklaff,
da brannt ich ihn auf das Fell, piff, paff!
- Der dritte:
Und als ich den Hirsch an der Erde sah,
da stieß ich ins Horn, trara!
So lagen sie da und sprachen, die drei.
Da rannte der weiße Hirsch vorbei.
- Und eh die drei Jäger ihn recht gesehn,
so war er davon über Tiefen und Höh'n,
so war er davon über Tiefen und Höh'n.
- Husch, husch! Piff, paff! Trara!

Ludwig Uhland (1787-1862), 1806.
Komposition: Konradin Kreutzer (1780-1849) nach einer volkstümlichen Melodie.

In: „Das deutsche Lied". Sammlung Ernst Dahlke, Düsseldorf 1925.

5

Ein Schütze, froh und munter

SCHÜTZENFREUDE

Heiter und schnell

Ein Schütze, froh und mun - ter, steigt vom Gebirg her - un - ter und

schwenkt den grünen Hut! und schwenkt den grünen Hut! Ein Mäd-chen tut ihn

grü - ßen wohl auf der grünen Wie - sen, sie ist ihm halt so gut

sie ist ihm halt so gut! Hal - li, hal - lo, hal - li, hal - lo, sie

ist ihm halt so gut!

2. „Bleib bei mir, Schütze, meiner,
du triffst so gut wie keiner,
hast mir mein Herz geraubt!
hast mir mein Herz geraubt!"
„Ich kann bei dir nicht bleiben.
Mich rufen heut die Scheiben,
die Meister und das Haupt,
die Meister und das Haupt.
Halli, hallo ..."

3. Schnell ist der Schütz verschwunden,
denn tief im Tale drunten
da ist der Meisterstand,
da ist der Meisterstand.
Dort legt er an den Stutzen,
tut manchen Zwölfer putzen
mit seiner sichren Hand,
mit seiner sichren Hand.
Halli, hallo ...

4. Doch als das Fest zu Ende
eilt er hinauf behende
zu ihr, der Schützenmaid,
zu ihr, der Schützenmaid.
Mit Talern schwer behangen,
gestillt ist sein Verlangen:
Hoch, edle Schützenfreud!
Hoch, edle Schützenfreud!
Halli, hallo, halli, hallo!
hoch, edle Schützenfreud!

Zur Melodie: „Im Wald und auf der Heide ...", Verfasser unbekannt.
In: „Berater für Schützenvereine", Martin Pausch Verlag, Isny im Allgäu (o.J).

6

Ein Jäger aus Kurpfalz
DER REITENDE JÄGER

Fröhlich springend

Ein Jä - ger aus Kur - pfalz, der rei - tet durch den grü - nen Wald, er

schießt sein Wild da - her, gleich wie es ihm ge - fallt. Ju ja, ju ja, gar

lustig ist die Jä - ge - rei all - hier auf grü-ner Heid, all - hier auf grü - ner Heid.

2. Ich sattle mir mein Pferd,
setz mich auf meinen Mantelsack
und reite ringsumher
als Jäger aus Kurpfalz.
- Ju ja, ju ja …

3. Hubertus auf der Jagd
der schoss ein Hirsch und einen Has';
er traf ein Mägdlein an,
und das war achtzehn Jahr.
- Ju ja, ju ja …

4. Des Jägers seine Lust,
die hat der Herr noch nicht gewusst,
wie man das Wildbret schießt:
Man schießt es zwischn' die Bein.
- Ju ja, ju ja …

5. Wohl zwischen seine Bein,
da muss das Tier getroffen sein;
getroffen muss es sein
wohl zwischen seine Bein.
- Ju ja, ju ja …

17

6. Jetzt geh ich nicht mehr heim,
bis dass der Kuckuck „Kuckuck"
schreit,
er schreit die ganze Nacht,
hab mich zu mei'm Schatz gemacht,
- Ju ja, ju ja …

7. Der Jäger sah zwei Leut'
und sagt zu ihnen: „Guten Tag!
Wo wollt ihr hin, ihr Leut'?"
„Wir wollen nach Kurpfalz!"
- Ju ja, ju ja …

8. „Ich will euch auf der Reis'
begleiten, wenn es euch gefällt.
Wisst ihr wohl, wer ich bin?"
„Der Jäger aus Kurpfalz!"
- Ju ja, ju ja …

9. „Nun wär'n wir in Kurpfalz."
„Wer gibt uns aber Mittagbrot?
Wer schenkt die Gläser voll?"
„Der Jäger aus Kurpfalz!"
- Ju ja, ju ja …

10. „Nun weiß ich weiter nicht,
was noch geschah. Denkt selber
nach!"
„Stoßt an, es lebe hoch,
der Jäger aus Kurpfalz!"

- Ju ja, ju ja
gar lustig ist die Jägerei
allhier auf grüner Heid,
allhier auf grüner Heid!

Volkslied.

In: G.W. Fink „Musikalischer Hausschatz der Deutschen", 1842,
u. a. Jagd- und Waldlieder", 1866.

18

7

Gegrüßt sei uns in diesem heitern Kreise
JAGDKÖNIG

Mit Bedacht

Ge - grüßt sei uns in die - sem heitern Krei - se, ge-

grüßt und hoch ge - ehrt! ge - grüßt und hoch ge - ehrt! Wir krö - nen dich nach

fro - her Jä - ger - wei - se, du bist der Kro - ne wert! du bist der Kro - ne wert! du bist der

Kro - ne wert! du bist der Kro - ne wert!

2. Das Tannenreis und
Eichenkrone schmücken
dich als den König hier!
dich als den König hier!
Und alle Jäger nennen
mit Entzücken
dich unsres Festes Zier,
dich unsres Festes Zier.

3. Heil, Jäger, dir auf
dem erkämpften Throne!
Heil dir im Königsglanz!
Heil dir im Königsglanz!
Das Höchste, Herrlichste
ward dir zum Lohne,
das Höchste, Herrlichste
ward dir zum Lohne:

Dich schmückt der Ehrenkranz! ...

Nach der Melodie „Bekränzt mit Laub den vollen Becher ...“ (Rheinweinlied)
von Johann André (1741-1799), Worte: S.G. Litis.

In: „Jagd- und Waldlieder“, 1866.

19

Ihr Schützen zur Rechten
ZUM WOHLE DER BRAVSTEN

Laut und deutlich

Ihr Schüt-zen zur Rech-ten, ihr Jä-ger zur Lin-ken, lasst uns

al - le, lasst uns al - le heut fröh - lich eins trin - ken!

2. Zum Wohle der bravsten
Männer, die leben auf
Erden, trinket,
trinket alle
die Gläser zur Neige!

Im Jäger- und Schützenbrauch überliefert.
Ausgezeichnet nach dem Gesang von Wilderich Werner Treuwolff, Klaus Wolerts
und Rudi Fayertak im Jagdhof Finkenberg, 1983.
In: Herausgeber-Archiv.

9

Freund! auf Okuli, da kommen sie
SCHNEPFENJAGD

Freund! auf O - ku - li, da kom - men sie, die so stolz und keck die

lan - gen Schnä - bel tra - gen! Auf - ge - passt! da muss man spat und früh drauf bu-schie-ren, an - stehn,

lauf - fen, ja - gen! Mer - ke wohl das Zei - chen, wenn sie bal - zend strei - chen,

und sei flink im Schie - ßen, solls dich nicht ver - drie - ßen!

2. (Alle:)   Freund! auf Okuli, da kommen sie,
             die stolz und keck die langen Schnäbel tragen!
             Aufgepasst! da muss man spat und früh
             drauf buschieren, anstehn, laufen, jagen!

(Einer:)   Wenn sie schnarchend kommen,
             nur nicht leicht genommen!
             Denn das ist Verstellen,
             um den Schuss zu prellen.

3. (Alle:)   Freund! auf Okuli, da kommen sie,
            die stolz und keck die langen Schnäbel tragen!
            Aufgepasst! da muss man spat und früh
            drauf buschieren, anstehn, laufen, jagen!

  (Einer:)   Halte vor den Schnabel,
            nur nicht auf den Nabel,
            sonst darfst du drauf zählen,
            er lässt sich empfehlen.

4. (Alle:)   Freund! auf Okuli, da kommen sie,
            die stolz und keck die langen Schnäbel tragen!
            Aufgepasst! da muss man spat und früh
            drauf buschieren, anstehn, laufen, jagen!

  (Einer:)   Darum bis Palmarum,
            wo der Spaß tralarum,
            müsst euch wohl befleißen,
            wollt ihr Jäger heißen.

  (Alle:)   Freund! auf Okuli, da kommen sie,
            die stolz und keck die langen Schnäbel tragen!
            Aufgepasst! da muss man spat und früh
            drauf buschieren, anstehn, laufen, jagen!

Nach der Melodie „Heil dem Manne, der den grünen Hain des Vaterlandes ..." von Heinrich Kiefer,
Worte: Franz Ritter von Kobell (1803-1882), 1844.

In: „Jagd- und Waldlieder", 1866.

10

Des Morgens, wenn ich früh erwacht
ES WAR SO SCHÖN

Herzhaft

Des Mor - gens, wenn ich früh er - wacht, die Son - ne scheint, dass

mir das Her - ze lacht, dann denk ich oft zu - rück an

Pul - ver, Büchs und Blei, es war so schön, so schön, ein

Jä - gers - mann zu sein.

2. Ich war kaum achtzehn Jahre alt,
durchstreift die Flur und auch den grünen Wald;
ich schoss beim ersten Mal mit Glück ein Füchselein:
es war so schön, so schön, ein Jägersmann zu sein.

3. Und als ich in den Wald kam rein,
begegnet mir ein Mädel, hübsch und fein.
Ich sprach zu ihr ganz leis: Jetzt sind wir zwei allein;
es ist so schön, mit dir im Wald zu sein!

4. Doch wie das bei den Mädchen ist,
hat übers Jahr ein andrer sie geküsst.
Ich stand am Waldesrand, verlassen ganz allein; -
es war so schön, so schön, es hat nicht sollen sein.

5. Drum, lieber Bursche, sei nicht dumm,
schau dich nach einem neuen Mädel um.
Am nächsten Wechsel steht schon wieder eine an,
die dir dein Herz genau so gut erfreuen kann!

Zur Melodie „Frühmorgens, wenn das Jagdhorn schallt ...", Verfasser unbekannt.
Wiedergabe nach Aufzeichnung im Deutschen Volksliedarchiv, Freiburg im Breisgau 1998.

11

Fahret hin, fahret hin
FRÖHLICH IST DIE JÄGEREI

Übermütig

Fah - ret hin, fah - ret hin, Gril - len geht mir aus dem Sinn! Bru - der, mein,

schenk uns ein, lass uns fröh - lich sein! Drum, ihr Gril - len, wei - chet weit, die ihr mei - ne

Ruh zer - streut! Ich bin nicht so ein Wicht, der auf Gril - len dicht'.

2. Grillisiern, Fantasiern
muss aus meinem Kopf marschiern,
so man blast, Trara blast
in dem Waldpalast.
Und ich sag und bleib dabei,
fröhlich ist die Jägerei,
so im Wald sich aufhalt,
bis das Herz erkalt'.

3. Hasen, Füchs, Dachs und Lüchs
schieße ich mit meiner Büchs,
das vertreibt mir das Leid
und die Traurigkeit.
Löwen, Bären, Pantertier,
wilde Schwein und Tigertier
sind nicht frei vor dem Blei
edler Jägerei.

27

4. He! He! He! Hirsch und Reh
ich dort in dem Walde seh;
eins davon, weiß ich schon,
wird mir bald zum Lohn.
Drum, Hubertus, gib es zu,
dass ich gar nicht fehlen tu!
Puff und Knall, dass es schall
und das Hirschlein fall!

Im 17. Jahrhundert als „Jägerlied" bekannt und beliebt geworden.
Franz Magnus Böhme (1827-1898) gab zu bedenken: „Die Melodie, 1807 zuerst
gedruckt und ganz für Waldhörner geeignet, soll französischen Ursprung sein,
was nicht unmöglich wäre, da auch viele Jagdbräuche aus Frankreich nach Deutschland kamen".
Während des 19. Jahrhundert wurde die Melodie für andre Lieder aufgegriffen, die dann größtenteils
ebenfalls volkstümlich geworden sind, zum Beispiel als „Hänschen klein"
und „Alles neu macht der Mai".

In: Ludwig Christan Erik (1807-1833) und F. M. Böhme
„Deutscher Liederhort", (Neubearbeitung), Leipzig 1893-1894.

12
Im grünen Wald, da, wo die Drossel singt
JÄGERERINNERUNG

Ruhig

Im grü - nen Wald, da, wo die Dros - sel singt, Dros - sel
singt, wo im Ge - büsch das mun - tre Reh - lein springt, Reh - lein springt,
wo Tann und Fich - ten stehn am Wal - des - saum, ver - lebt ich
mei - ner Ju - gend schön - sten Traum.

2. Das Rehlein trank wohl aus dem klaren
Bach,
indes der Kuckuck aus dem Walde lacht;
der Jäger zielt schon hinter einem Baum,

3. Getroffen wars, und sterbend lag es da,
das man zuvor noch munter hüpfen sah.
Ich nahm die Büchse, schlug sie an ein'n Baum
und sprach: Das Leben ist ja nur ein Traum.

4. Die Jahre sind so lange schon entflohn,
die ich verlebt als junger Weidmannssohn,
wo Tann und Fichten stehn am Waldessaum,
verlebt ich meiner Jugend schönsten Traum.

Volkstümlich, nach einer Melodie aus dem Odenwald.
Hin und wieder als „Schwarzwaldlied" bezeichnet (bisher ohne Erklärung).

In: Die Volkslieder in Schwaben, Stuttgart 1924.

13

Es blies ein Jäger wohl in sein Horn
DIE SCHWARZBRAUNE HEXE

Heiter und kräftig

Es blies ein Jä - ger wohl in sein Horn, wohl
und al - les, was er blies, das war ver - lorn, das

in sein Horn,
war ver - lorn.

hal lia hus-sas-sa, ti - ral - la la! und

al - les, was er blies, das war ver - lorn.

2. „Soll denn mein Blasen
verloren sein,
verloren sein,
viel lieber wollt ich
kein Jäger mehr sein!
hal lia hussassa, tiralla la!
viel lieber wollt ich
kein Jäger mehr sein."

3. Er warf sein Netz
wohl über den Strauch,
wohl über den Strauch,
da sprang ein schwarzbraun's
Mädel heraus,
hal lia hussassa. tiralla la!
da sprang ein schwarzbraun's
Mädel heraus.

4. „Ach, schwarzbraun's Mädel,
entspringe mir nicht,
entspringe mir nicht,
ich hab große Hunde,
die holen dich!
hal lia hussassa, tiralla la!
ich habe große Hunde,
die holen dich!"

5. „Deine großen Hunde,
die fürcht ich nicht,
die fürcht ich nicht,
die kennen meine hohen,
weiten Sprünge nicht,
hal lia hussassa, tiralla la!
die kennen meine hohen,
weiten Sprünge nicht."

6. „Deine hohen weiten Sprünge,
die kennen sie wohl,
die kennen sie wohl,
sie wissen, dass du heute
noch sterben sollst,
hal lia hussassa, tiralla la!
sie wissen, dass du heute
noch sterben sollst!"

7. „Und sterb ich denn,
so bin ich tot,
so bin ich tot,
begräbt man mich
unter Röslein rot,
hal lia hussassa, tiralla la,
begräbt man mich
unter Röslein rot."

8. „Wohl unter die Rosen,
wohl unter den Klee,
wohl unter den Klee,
darunter vergeh
ich ja nimmermeh'!
hal lia hussassa, tiralla la,
darunter vergeh
ich ja nimmermeh'!"

9. Es wuchsen drei Lilien
auf ihrem Grab,
auf ihrem Grab,
da kam der Reiter,
wollt sie brechen ab,
hal lia hussassa, tiralla la,
da kam ein Reiter,
wollt sie brechen ab.

10. „Ach, Reiter, ach, lass
die Lilien stahn,
die Lilien stahn,
es soll sie ein junger,
frischer Jäger han,
hal lia hussassa, tiralla la,
es soll sie ein junger,
frischer Jäger han!"

Volkstümlich.
Schon aus sehr alter Zeit in vielen Varianten, jedoch immer geht es auf die eine oder andre
mystisch-rätselhafte Weise darum, das Versagen des Jägerhorns wettzumachen.

In: „Deutscher Liederhort",
(Neubearbeitung), 1893-1894.

14
Ich weiß ein'n Jäger, der bläst sein Horn
DIE STOLZE JUNGFRAU

Sehr bewegt

Ich weiß ein'n Jä-ger, der bläst sein Horn, der bläst sein Horn.
Er bläst das Wild wohl aus dem Korn, wohl aus dem Korn.

Hop-sas-sa, tra-ra, tra-ra! Er bläst das Wild wohl aus dem Korn.

2. Wohl aus dem Korn,
wohl in das Holz,
da begegnet ihm ein Fräulein stolz.

3. „Wo aus, wo ein,
du wildes Tier?
Ich bin der Jäger und fang dich hier!"

4. „Du bist der Jäger,
du fängst mich nicht;
meine hohen Sprünge, die kennst du nicht."

5. „Deine hohen Sprünge,
die kenn ich wohl;
ich weiß schon, wie ich dir's stellen
soll."

6. „Stellst du mir's hoch,
so schlüpf ich durch;
stellst du mir's tief, so spring ich hoch."

7. Er warf ihr's Netz
wohl um den Fuß,
so dass das Fräulein fallen muss.

8. Er warf ihr's Netz
wohl um den Arm,
da war sie gefangen, dass Gott erbarm!

9. Er warf ihr's Netz
wohl um den Leib,
da wurd'sie des jungen Jägers Weib.

Altes Vollslied
Ihm liegt viel Aberglauben zugrunde von der „Wilden Jagd", wo Mädchen die Beute sind,
und von den Zauberkräften, die jeder Jäger gewinnt, sobald er sein Horn bläst.

In: Franz Graf Pocci (1807-1876) „Alte und neue Jägerlieder", Landshut 1843.

15

Es blies ein Jäger wohl ... : Tara
HERZLIEBCHEN

Forsch

Es blies ein Jä - ger wohl in sein Horn: Tra - ra, tra - ra, tra -
und wan-del - te still durch Dickicht und Dorn, tra - ra, tra - ra, tra -

ra!
ra! Er schoss nicht Ha - sen, noch Hüh - ner, noch Reh, denn,

ach, im Her - zen war's ihm gar weh, tra - ra, tra - ra, tra - ra! Seit-

dem er das Mäg - de - lein sah, seit - dem er das Mäg - de - lein sah.

2. Des Jägers lustiger Hörnerklang
„Trara, trara, trara! -"
ihr tief daheim in die Seele drang
- trara, trara, trara!
Sie hüpft hinaus, wo das Hifthorn schallt,
hinaus, hinaus in den grünen Wald.
Trara, trara, trara!
O Jäger, dein Liebchen ist da!

35

3. Er drückt ihr das Händchen, so weich und zart
- trara, trara, trara!
Er küsst ihr die Lippen nach Jägerart
- trara, trara, trara!
Und wolltest du wohl die Jägerin sein,
du rosenrotes Herzliebchen mein?
Trara, trara, trara!
Das Mädchen lispelte: Ja!

4. Die Locke pranget im grünen Kranz.
Trara, trara, trara!
Die Hörner laden zum Hochzeitstanz:
trara, trara, trara!
Und selig lieget und liebewarm
die Jägerin drauf in des Jägers Arm;
trara, trara, trara,
weiß nicht, wie ihr geschah.

Volksweise nach Johann Friedrich Reichardt (1752-1814),
Worte: Wilhelm Gerhard (1780-1858)
In: Ännchen Schuhmacher (1860-1935) „Illustriertes Kommersbuch",
Godesberg am Rhein 1924.

16
Lust ist viel in dieser Welt
JÄGERBRAUCH

Theatralisch, heiter

Lust ist viel in die-ser Welt, mir a - ber nur die Jagd ge - fällt. Ja - gen

ist ein lu - stig Le - ben, drum hab ich mich ihm er - ge - ben, Ja - gen

ist die größ - te Lust, die mir je - mals war be - wusst!

37

2. Wenn ich in den Wald reingeh,
mein getreuer Hund mir steh;
hörst du nicht die Vöglein singen,
siehst du nicht die Hirsche springen?
Und die schöne Müllerin
jaget auch mit frischem Sinn!

3. Jagt sie mit durch Wald und Strauch,
muss sie kennen Jägerbrauch:
Mit gepirscht und mit geschossen,
Brot und Wein wohl mit genossen -,
wenn es dann zur Ruhe geht,
teilen wir dasselbe Bett!

4. Nun Joho! Die Jagd ist aus!
Fröhlich gehen wir nach Haus.
Ja, die Jagd ist wohlgeraten,
wer's nicht weiß, der kann's erraten-,
doch das Best nach meinem Sinn

Text nach Franz Ritter von Kobell und Franz Graf Pocci, 1843, im zünftigen Gebrauch variiert.

In: Carl Clewing „Musik und Jägerei",
Neudamm und Kassel-Wilhelmshöhe 1937.

17

Frühmorgens, wenn das Jagdhorn schallt
JÄGERJUGEND

Lebhaft

Früh - mor - gens, wenn das Jagd - horn schallt, zieht der Jä - ger in den grü-nen Wald. Früh -

mor - gens, wenn das Jagd - horn schallt, zieht der Jä - ger in den grü-nen Wald, und da

nimmt er sei - ne Büch-se und das Pul - ver und das Blei, so zieht er hin zur Jä - ge - rei, und

man hört nichts mehr als Schuss auf Schuss, weil der Jä - ger immer schießen muss!

2. „Guten Morgen, schöne Müllerin,
heute Abend bleibe ich bei dir!" -
„Ei, so komm doch, komm doch, komm doch
in mein Kämmerlein herein,
da wolln wir beide glücklich sein!" -
und dann hört man nur noch Kuss auf Kuss,
weil der Jäger immer küssen muss!

39

3. Frühmorgens, wenn die Hähne krähn,
schleicht der Jäger müde aus dem Haus,
und schultert seine Büchse,
doch das Pulverhorn ist leer,
das Gehen fällt ihm furchtbar schwer -
das kommt: Er hat die ganze Nacht
bei der schönen Müllerin verbracht!

Nach: Aufzeichnung im Deutschen Volksliedarchiv, 1999.
Benedikt Hebenstreit (Jagdliches Brauchtum in Vergangenheit und Gegenwart, Wien 1977)
notierte einen schönen Ausklang als 4. Strophe:
„Und kehrt er von der Jagd zurück, ei, wie groß ist da des Mädels Glück.
Und da nimmt er's Mädel bei der Hand, im Laufschritt geht's zum Standesamt,
und da hört man nichts als Ja und ja! und der kleine Jäger schreit: Papa!".

18

In grünbelaubter Heide
HOCH LEBE JAGD UND PIRSCH

Kraftvoll

In grün - be - laub - ter Hei - de das Weid - werk mir ge - fällt, das

Wild ist mei - ne Freu - de und Ja - gen mei - ne Welt! Hui fass! Hui such's! Gebt

acht, ein Dachs, ein Fuchs! Gebt acht, ein Bock, ein Hirsch! Hoch le - be Jagd und

Pirsch, tra - ra! Hoch le - be Jagd und Pirsch!

2. Der Eichenbruch am Hute,
das ist mein liebster Strauß,
viel lieber als die Blumen
vor meines Liebchen Haus!
- Hui fass! Hui such's! ...

3. Es leben alle Frauen!
Diana doch zuvor,
ihr heben wir zu Ehren
die Becher hoch empor!
- Hui fass! Hui such's!
Gebt acht, ein Dachs, ein Fuchs!
Gebt acht, ein Bock, ein Hirsch!
Hoch lebe Jagd und Pirsch, trara!
Hoch lebe Jagd und Pirsch!

Melodie und Worte nach Kobell und Pocci.

In: „Alte und neue Jägerlieder", 1843.

19

Der Jäger und sein Mägdelein
DIE FUCHSJAGD

Übermütig

Der Jä - ger und sein Mäg - de - lein, die zo - gen in den Wald hi - nein. Jo-

ho, tra - la - la, jo - ho, tra - la - la, jo - ho, tra - la - li, tra - la - lo!

2. Der schlaue Fuchs soll heute noch
heraus aus seinem Höhlenloch.
Joho ...

3. Das Höhlenloch war bald entdeckt,
worin der schlaue Fuchs versteckt.
Joho ...

4. Das Mädchen ruft: O weih, o weih!
Wer weiß, wie der zu fangen sei?
Joho ...

5. Der Jäger spricht: Mein Mägdelein,
du musst ganz nahe bei mir sein.
Joho ...

6. Nun küsst sie ihn auf Mund und Ohr,
da kommt der schlaue Fuchs hervor.
Joho ...

7. Das Mädchen lacht: Ei, wie famos!
Der Fuchs ist da und auch schön groß.
Joho ...

8. Mein Jägersmann, mein Lieber, mein,
wie fangen wir den Fuchs jetzt ein?
Joho ...

9. Mit deinem schönen Nertzelein,
so fangen wir den Fuchs jetzt ein!
Joho ...

10. Es zappelt in dem Netzelein
der Fuchs noch viele Stündelein.
Joho ...

11. Er zuckte hin, er zuckte her,
doch fliehen konnte er nicht mehr.
Joho ...

12. Die Fuchsjagd, die ist wunderfein,
schon bald soll wieder Fangtag sein!
Joho, tralala, joho, tralala,
joho, tralali, tralalo!

Worte: Rudi Fayertak, Melodie: Willibald Winkler, 1983.

In: Herausgeber-Archiv.

20

Als ich gestern einsam ging

DAS GEHEIMNIS

Gehend

Als ich ge-stern ein-sam ging auf der grü-nen, grü-nen Heid,
kam ein jun-ger Jä-gers-mann, trug ein grü-nes, grü-nes Kleid; ja,
grün ist die Hei-de, die Hei-de ist grün, a-ber
rot sind die Ro-sen, wenn sie da blühn!

2. Wo die grünen Tannen stehn,
ist so weich das grüne Moos,
und da hat er mich geküsst,
und ich saß auf seinem Schoß;
ja, grün ist die Heide,
die Heide ist grün,
aber rot sind die Rosen,
wenn sie da blühn!

3. Als ich dann nach Hause kam,
hat die Mutter mich gefragt,
wo ich war die ganze Zeit,
und ich hab es nicht gesagt;
ja, grün ist die Heide,
die Heide ist grün,
aber rot sind die Rosen,
wenn sie da blühn!

4. Was die grüne Heide weiß,
geht die Mutter gar nichts an;
niemand weiß es außer mir
und dem grünen Jägersmann;
ja, grün ist die Heide,
die Heide ist grün,
aber rot sind die Rosen,
wenn sie da blühn;
ja, grün ist die Heide,
die Heide ist grün,
aber rot sind die Rosen,
wenn sie da blühn!!!

Hermann Löns (1866-1914), 1911,
Melodie: Karl Blume, 1919.

In: „Illustriertes Kommersbuch", 1924.

21

Ein Jäger hat ein Horn

DES JÄGERS WUNDERHORN

Frohgemut

Ein Jä - ger hat ein Horn, gib acht! Das bläst er nur bei Nacht ti - ri -

lü, ti - ri - lü, das bläst er nur ti - ri - lü - lü - tü - tü, das

1.-6.

bläst er nur bei Nacht. Der Jä - ger sprach: „Ich kenn es

wohl" und stieß mit gro - ßer Kunst die Tö - ne, dass die

Hornsolo

A - der schwoll ... —————————————

————————————— Und auch die Zwi - schen -

tö - ne, die wei - chen und die an - dern, lässt er in schnel - lem Wech - sel

Hornsolo

durch al - le La - gen wan - dern .... —————————————

Noch manch ver - schlung - ne Wen -

dung und un - ver - hoff - ten Sprung voll - führt sein In - stru - men -

Hornsolo

tum. Da naht die Mor - gen - däm - me - rung ...

Schneller

Sprach sie: „Ach, schnell noch mal von vorn, es ist ein Wun - der-

horn ti - ri - lü, ti - ri - lü, es ist für - wahr ti - ri - lü - lü - tü - tü,

für - wahr ein Wun - der - horn! Ach, schnell noch mal ti - ri - lü - lü - tü -

tü, ach, schnell noch mal von vorn!"

2. Ein Mägdelein nahm´s in Augenschein
und in die Hände zwei´n tirilü, tirilü,
und in die Hände tirilülütütü,
und in die Hände zwei´n.

3. „Das Horn find ich gar recht", sprach sie,
„wenn ihr auch kennt das Spiel tirilü, tirilü,
wenn ihr auch kennt tirilülütütü,
wenn ihr auch kennt das Spiel".

4. Der Jäger sprach: „Ich kenn es wohl",
und stieß mit großer Kunst tirilü, tirilü,
die Töne, dass die Adler schwoll
- tirilülütütü! Tirilü!

5. Und auch die Zwischentöne,
die weichen und die andern tirilü, tirilü,
lässt er im schnellen Wechsel
durch alle Lagen wandern, tirilü.

6. Noch manch verschlungne Wendung
und unverhofften Sprung tirilü, tirilü,
vollführt sein Instrumentum.
Da naht die Morgendämmerung - tirilü!

7. Sprach sie: „Ach, schnell noch mal von vorn,
es ist ein Wunderhorn tirilü, tirilü,
es ist fürwahr tirilülütütü,
fürwahr ein Wunderhorn!

Ach, schnell noch mal tirilülütütü
ach, schnell noch mal von vorn!"

Von Gerhard Branstner

Text und Noten publizierte er
in seinem „Handbuch der Heiterkeit", Halle-Leipzig 1980.

22
Lasst jetzo mich mein Waldhorn preisen
DAS WALDHORN

Feierlich mit Begeisterung

Horn in F 1
Horn in F 2
Horn in F 3
Horn in F 4

Lasst jet - zo mich mein Wald - horn prei - sen, das weit - hin

Mit sei - nen hel - len Zwil - lings - wei - sen lockts von der

. Hrn. 1
. Hrn. 2
. Hrn. 3
. Hrn. 4

sen - det Ruf und Gruß; Durch Wäl - der hin tö - net sein fröh - li - cher

Berg - wand bis zum Fluss.

Irn. 1
Irn. 2
Irn. 3
Irn. 4

Hall, und lu - stig ver - höh - net das E - cho den Schall.

2. Gefesselt hängts mir an der Hüfte,
des Weidmanns Schmuck und blanke Zier;
früh weckt es durch die Morgenlüfte,
bläst an die Jagd: Auf ins Revier!
Es mahnet die Hunde,
es gellt in der Not,
es lockt in der Runde,
es schmettert: Hirsch tot!

3. Legt einst man mich in grünen Rasen
nach letztem Tag und letzter Nacht,
soll „Jagd vorbei" der Freund mir blasen;
dann tön' „Halali" unverzagt.
Müd streck ich die Glieder
tief drunten im Hag.
Weck, Hörnlein, mich wieder
zum ewigen Tag!

Text anonym, Melodie: Johann Valentin Görner, 1744.
In: „Musik und Jägerei", 1937.

23

Zum Jägergeburtstag kommen wir
GLÜCKWUNSCH

Froh bewegt

Zum Jä - ger - ge - burts - tag kom - men wir und den - ken in Freund - schaft mit dir an dies und das, was Jahr um Jahr des bra - ven Weid - manns Freu - de war.

In un - sern Be - chern schäu - met das Bier, und al - les Gu - te wün - schen wir dir!

In un - sern Glä - sern fun - kelt der Wein, und al - les Gute soll mit dir sein!

2. So denken wir an den grünen Wald
und hören, wie das Jagdhorn schallt,
hier und da, wo bei Tau und Tag
der Jäger auf der Lauer lag.
- In unsern Bechern ...

3. Wir denken an unser Mädchen fein
und wissen, dass es treu wird sein,
weil wir ihm ganz unverdrossen
tief hinein ins Herz geschossen.
- In unsern Bechern ...

4. Zu allen Grüßen, die wir bringen,
töne munteres Becherklingen
mit Horrido und Fröhlichkeit!
Wir bleiben Jäger alle Zeit!
- In unsern Bechern schäumet das Bier,
und alles Gute wünschen wir dir!
In unsern Gläsern funkelt der Wein,
und alles Gute soll mit dir sein!

Worte: Rudi Fayertak, Melodie: Willibald Winkler, 1982.

In: Herausgeber-Archiv.

24

Im Wald und auf der Heide
JÄGERFREUDE

Heiter und schnell

Im Wald und auf der Hei - de, da such ich mei - ne Freu - de: Ich
bin ein Jä - gers - mann! Ich bin ein Jä - gers - mann! Die For - sten treu zu
pfle - gen, das Wild - bret zu er - le - gen, mein Lust hab ich da - ran, mein
Lust hab ich da - an, hal - li, hal - lo, hal - li, hal - lo, mein
Lust hab ich da - an.

2. Trag ich in meiner Tasche
ein Trünklein in der Flasche,
zwei Bissen liebes Brot;
brennt lustig meine Pfeife,

wenn ich den Wald durchstreifte,
da hat es keine Not,
halli, hallo! halli, hallo!
da hat es keine Not.

3. Im Walde hingestrecket,
den Tisch im Moos mir decket
die freundliche Natur;
den treuen Hund zur Seite,
ich mir das Mahl bereite
auf Gottes freier Flur,
halli, hallo! halli, hallo!
auf Gottes freier Flur.

4. Das Huhn im schnellen Zuge,
die Schnepf im Zickzackfluge
treff ich mit Sicherheit;
die Sauen, Reh und Hirsche
erleg ich auf der Pirsche,
der Fuchs lässt mir sein Kleid,
halli, hallo! halli, hallo!
der Fuchs lässt mit sein Kleid.

5. Und streich ich durch die Wälder,
und zieh ich durch die Felder
einsam den ganzen Tag;
doch schwinden mir die Stunden
gleich flüchtigen Sekunden,
tracht ich dem Wilde nach,
halli, hallo! halli, hallo!
tracht ich dem Wilde nach.

6. Wenn sich die Sonne neiget,
der feuchte Nebel steiget,
mein Tagwerk ist getan;
dann zieh ich von der Heide
zur häuslich stillen Freude,
ein froher Jägersmann,
halli, hallo! halli, hallo!
ein froher Jägersmann.

„Jägerlied" von Johann Jakob Wilhelm Bornemann (1767-1851).

Erstveröffentlichung 1816 in Georg Ludwig Hartigs »Forst- und Jagdarchiv von
und für Preußen«. Die 1. Strophe begann: „In grünbelaubter Heide …", was sich im volkstümlichen
Zurechtsingen schon bald wie selbstverständlich zu „Im Wald und auf der Heide …" verwandelte.
In dieser Fassung kam das Lied zu großer Beliebtheit, und die neue Anfangszeile wurde zum
Sprichwort für nahezu alles Waldvergnügen.
Die Melodie lässt volkstümlichen Ursprung annehmen. Allerdings meinte Franz Magnus Böhme
(um 1825), „sie könnte auch von Friedrich Ludwig Gehricke sein". Schöneres Lob für den
Komponisten gibt es wohl kaum.

In: „Volkstümliche Lieder der Deutschen", 1895.

25

Früh, früh, des Morgens früh
DER WILDDIEB

Frisch und munter

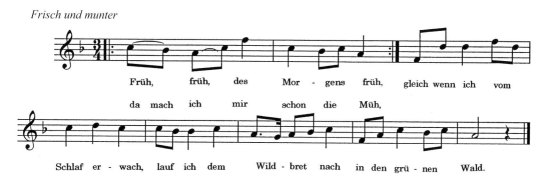

Früh, früh, des Mor- gens früh, gleich wenn ich vom

da mach ich mir schon die Müh,

Schlaf er - wach, lauf ich dem Wild - bret nach in den grü - nen Wald.

2. Wenn ich zum Wald reinhusch,
stell ich mich hintern Haselbusch,
kommt gleich ein Has daher,
fragt, ob ich der Jäger wär
in dem grünen Wald?

3. Ja, ja! Du dummer Has,
treib du mit mir deinen Spaß,
hab ich doch da mein Geschütz,
ein' nagelneue Kugelbüchs,
trifft als wie der Blitz!

4. Und wenn ich geschossen,
dann hab ich getroffen.
Ein Has, ein Hirschelein,
ein Reh, ein wildes Schwein
soll verbleiben mein.

5. Liebe gern, was fein ist,
wenn es auch nicht mein ist,
wenn es auch nicht werden kann,
hab ich doch mein' Freud daran
in dem grünen Wald.

6. Hoch oben auf der Felsenspitz
hab ich Wilddieb meinen Sitz,
zieh mein Waldhörnlein raus,
spiel viele Stücklein drauf,
das es weithin schallt.

Seit dem 19. Jahrhundert volkstümlich, zunächst im südwestlichen Schwarzwald,
dann Weiterverbreitung in den Bergwaldgebieten des deutschen Sprachraumes,
bald auch darüber hinaus. Der Wilddieb gerät auf diesem Wege in Vergessenheit.
An seine Stelle tritt „Der (eifrige) Jäger". Sogar eine Liebesromanze verdeckt
schließlich das ursprüngliche Gedankengut: „Früh, früh, des Morgens früh, als
ich vom Schlaf erwach', ging ich meinem Schätzchen nach in den grünen Wald …"
(»Schatz Morgenrot«, Aufzeichnung im Deutschen Volksliedarchiv, 1999).

Nach „Alte und neue Jägerlieder", 1843.

26

Das Jagen, das ist ja mein Leben
WILDSCHÜTZ UND JÄGER

Stolz und fröhlich

Das Ja - gen, das ist ja mein Le - ben, dem hab ich mich gänz - lich er -

ge - ben im Wald; ich geh auf das Schie - ßen, lass michs nicht ver - drießen, so

lang es mich freut, mein Stut - zerl hat Schneid.

2. Und als ich in Wald 'nein gekommen,
da sah ich von ferne ein Hirschlein
da stehn;
mein Stutzerl muss knallen,
das Hirschlein muss fallen
mit Pulver und Blei,
im Wald sind wir frei!

3. Kaum hab ich das Wildbret geschossen,
so kommt schon der Jäger geloffen
daher;
ich soll mich ergeben
auf Tod und auf Leben:
Ach, Jäger, 's kann nicht sein;
das Hirschlein ist mein!

4. Ach, Jäger, pack dich von dannen!
Dein Leben, das will ich verschonen
im Wald;
mein Stutzerl muss knallen,
das Hirschlein muss fallen
mit Pulver und Blei,
im Wald sind wir frei!

5. Und wenn uns der Hunger tut plagen,
so tun wir doch niemals verzagen
im Wald;
so lang als das Leben
uns Gott hat gegeben,
so lang lässt mich nicht
mein Stutzerl im Stich.

6. Nun tut sich die finstre Nacht schleichen,
die Sterne am Himmel, sie leuchten
so hell;
nun gibt's nichts zu jagen,
drum legn wir uns schlafen
und begebn uns zur Ruh,
mein Stutzerl dazu.

Volkstümlich seit dem 18. Jahrhundert.
Erstdruck 1808, im »Göttinger Musenalmanch«, veranlasst durch Leo Freiherr von
Seckendorf. Seinerzeit lautete der Anfang: „Ein Wildbretschütz, das ist mein Leben …“.
Spätere Veröffentlichungen münzen das Lebensbekenntnis auf „Das Jagen …“ oder

„Weidwerk" um.

In: „Alte und neue Jägerlieder", 1843.

27

Auf einem Baum ein Kuckuck saß
KUCKUCK UND JÄGERSMANN

Vergnügt, geheimnisvoll

Auf ei - nem Baum ein Kuk - kuck ... sim sa la dim bam ba sa la du sa la dim, auf ei - nem Baum ein Kuk - kuck saß.

2. Es regnete, und er ward -
sim sa la dim bam ba sa la du sa la dim,
es regnete, und er ward naß.

3. Da kam ein junger Jägers -
sim sa la dim bam ba sa la du sa la dim,
da kam ein junger Jägersmann.

4. Der schoss den armen Kuckuck -
sim sa la dim bam ba sa la du sa la dim,
der schoss den armen Kuckuck tot.

5. Und als ein Jahr vergangen -
sim sa la dim bam ba sa la du sa la dim,
und als ein Jahr vergangen war …

6. Da war der Kuckuck wieder -
sim sa la dim bam ba sa la du sa la dim,
da war der Kuckuck wieder wach.

7. Nun freuten sich die Leute -
sim sa la dim bam ba sa la du sa la dim,
nun freuten sich die Leute sehr.

Volkslied aus dem Bergischen Land. Erstdruck 1838,
während des 19. Jahrhunderts im Studenten- und Schützengesang verbreitet,
(Strophe 7 aus zeitgenössischem Gebrauch aufgenommen),
als Pfänderspiel allgemein beliebt geworden:

 *Wer sich in der Zauberformel verhaspelt oder da zunächst absichtlich
zurückgehaltene Wort singt wird gefändet.*

In: „Deutscher Liederhort", 1893-1894.

28

Einst, wie mich dünkt, am Jakobstage

HIRSCH UND REHBOCK

Einst, wie mich dünkt, am Ja - kobs - ta - ge, die Son - ne brann - te fürch - ter -
lich, be - geg - ne - ten aus ei - nem Schla - ge ein Zwöl - fer und ein Reh - bock
sich. Der Hirsch, in fei - stem Wohl - be - ha - gen, war ku - gel -
rund und spie - gel - glatt, der ar - me Bock vom hitz'gen Ja - gen der schlan - ken
Gei - ßen dürr und matt.

in Kirchenkalender:
der 25. Juni.

2. „Ich kann", sprach im Vorübergehen
der erste stolz, „dich mag'ren Wicht
nicht ohne Graus und Ekel sehen,
geh weg!" Doch als er noch so spricht,
erschallt, wer schildert seinen Schrecken,
der Jagd Getümmel schon ganz nah;
sich in der Dickung zu verstecken,
hilft nichts! Die Hunde sind schon da!

3. Pfeilschnell entrinnt in leichten Sätzen
der flücht'ge Bock, wer weiß wie weit!
Den feisten Prahler tot zu hetzen,
bedurft' es, leider! wenig Zeit.
„Oh güt'ger Sylvanus! ich flehe:
Lass stets mich schlank und hager sein!"
- So oft ich feiste Förster sehe,
fällt mir auch jene Fabel ein.

Text von L.C.E.H. Friedrich von Wildungen (1754-1821) zur Melodie
„Im Kreise froher, kluger Zecher..." von K. Döbbelin.

In: „Jagd- und Waldlieder",1866.